MARTINA KITTLER

AVOCADO

FOTOGRAFIE: GROSSMANN.SCHÜRLE, AUEN60 PHCTOGRAPHY

INHALT

Öffnen Sie die Klappen dieses Buches.
Dort finden Sie die wichtigsten Infos zum Thema auf einen Blick!

AVOCADO:
FOOD FACTS

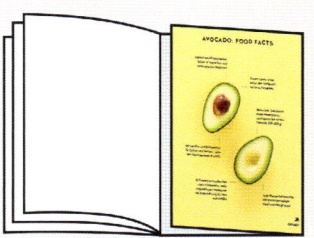

DIE PERFEKTE
KOMBI

Immer griffbereit:

SO GEHT'S:
AVOCADO
VORBEREITEN

Immer griffbereit:

SO GEHT'S:
DIE REIFE
ERKENNEN

GU CLOU

Wussten Sie schon, dass ...?
Entdecken Sie bei einigen ausgewählten Rezepten ganz besondere Tipps mit verblüffendem Insiderwissen.
Aha-Momente garantiert!

Mit diesem Symbol sind alle vegetarischen Gerichte gekennzeichnet.

Die Backzeiten können je nach Herd variieren. Unsere Temperaturangaben beziehen sich auf das Backen im Elektroherd mit Ober- und Unterhitze.

Sammeln Ihrer Lieblingsrezepte mit der »GU Kochen Plus«-App (siehe S. 64)

REZEPTKAPITEL

06
SALATE & SMOOTHIES

18
SNACKS & SUPPEN

34
WARMES ZUM SATTESSEN

48
DESSERTS & GEBÄCK

MARTINA KITTLER

*Die »Butter des Waldes« liefert in einem, was keine andere Frucht vermag:
ein Gesund-Wunder-Genuss-Paket. Sie ist fett und doch gesund,
vielseitig, schnell und einfach zuzubereiten und sogar pur, mit etwas Zitrone,
ein Gaumenschmaus. Ein Superfood par excellence!*

Woher kenne ich die Avocado?

Anfangs war die Avocado für mich eine unnahbare exotische Frucht. Es gab meist nur unreife und steinharte Exemplare zu kaufen. Ich musste 2 bis 3 Tage oder sogar 1 Woche warten, bis sie essbar waren. Um den Prozess zu beschleunigen, wickelte ich sie in Zeitungspapier, legte sie auf die Heizung, und wartete ab, bis sie weich, aber nicht matschig waren. Inzwischen hat sich die Slow-Frucht in Fast Food verwandelt: Avocados werden zwar nach wie vor hart wie Kokosnüsse geerntet, aber auf den Punkt gereift und als »Ready-to-eat«- oder »Iss mich, ich bin reif!«-Früchte angeboten. Heute kann ich spontan zugreifen, wenn ich Lust auf Avocado habe.

Warum liebe ich Avocados?

Avocados sind supergesund, buttrig-weich, leicht nussig im Geschmack und lassen sich unglaublich vielseitig verwenden – vor allem in der Rohkostküche. Natürlich nehme ich sie für den mexikanischen Dip Guacamole, aber auch für Salate, Smoothies und Suppen, als Aufstrich, Füllung oder sogar als cremige Basis für Desserts wie Mousse au chocolat. Kochen sollte man sie nicht, weil sie dabei bitter werden können. Aber es spricht nichts dagegen, eine Avocado kurz vor dem Servieren unter ein erhitztes Gericht zu heben oder kurz zu frittieren. Auch wenn ich vegan koche oder backe, verwende ich Avocados gerne, um Butter und Eier zu ersetzen.

Avocados wachsen nicht bei uns, oder?

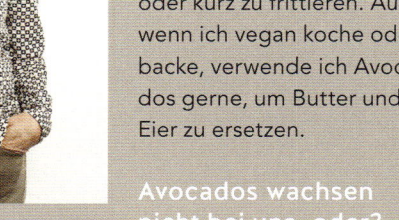

Avocados brauchen viel Sonne, aber auch reichlich Wasser, um wachsen zu können. Und sie reisen weit, bis sie bei uns sind. Das bleibt nicht ohne Folgen für die Umwelt, vor allem in den Anbauländern. Daher genieße ich Avocados bewusst – eben nicht jeden Tag – und bevorzuge Früchte aus Spanien.

GUACAMOLE IN 5 MINUTEN

2 Avocados halbieren
und entsteinen ...

... und mit dem Saft von
1 Limette zerdrücken.

1 Tomate waschen und
würfeln, dabei entkernen.

1 rote Chilischote ...

... und 1 Schalotte
fein würfeln.

*Alles mischen und
salzen – so schmeckt
der klassische Dip der
Mexikaner am besten
(für 4 Personen).*

½ Bund Koriander-
grün fein hacken.

SALATE & SMOOTHIES

SÜSSKARTOFFEL-AVOCADO-SALAT 🍃

AUS FERNOST

FÜR DIE SÜSSKARTOFFELN

700 g Süßkartoffeln
2 TL rosenscharfes Paprikapulver
Salz
2 EL Olivenöl

FÜR DEN SALAT

2 Limetten
2 kleine Avocados
250 g Salatblättermischung
 (z. B. Pflücksalat, roter
 Romana, Batavia, Feldsalat)

FÜR DAS DRESSING

2 rote Chilischoten
2 EL Sojasauce
2 EL Olivenöl
2 EL dunkles Sesamöl
Pfeffer
1 Bund Koriandergrün

MEHR DARAUS MACHEN

Wer will, röstet noch 1 EL hellen Sesam in einer Pfanne ohne Fett goldbraun, lässt ihn abkühlen und streut ihn zum Servieren auf den Salat.

SÜSSKARTOFFELN: Die Süßkartoffeln waschen, schälen und in ca. 1 cm große Würfel schneiden. In einer Schüssel Paprikapulver, 1 TL Salz und das Öl verrühren, die Kartoffeln darin wenden und ca. 15 Min. marinieren.

SALAT: Inzwischen die Limetten halbieren und auspressen. Die Avocados halbieren, Kerne und Schalen entfernen, die Hälften in Würfel schneiden. Sofort mit 2 EL Limettensaft beträufeln, damit sich das Fruchtfleisch nicht bräunlich verfärbt. Den Salat-Mix verlesen, waschen und trocken schleudern.

DRESSING: Die Chilischoten längs halbieren, entkernen, waschen und in kleine Würfel schneiden. Mit dem restlichen Limettensaft, Sojasauce, Olivenöl und Sesamöl gründlich verrühren und mit Pfeffer würzen.

FERTIGSTELLEN: Eine große Pfanne erhitzen, die Süßkartoffeln darin bei starker bis mittlerer Hitze unter Wenden in ca. 10 Min. rundum knusprig braten. Herausnehmen und auf Küchenpapier abtropfen lassen.

ANRICHTEN: Das Koriandergrün waschen, trocken tupfen und die Blätter abzupfen. Süßkartoffeln, Avocado und Salatblätter mit dem Dressing mischen, auf Teller verteilen und mit Koriander bestreut servieren.

Für 4 Personen • 30 Min. Zubereitung • Pro Portion ca. 300 kcal, 4 g EW, 27 g F , 9 g KH

TOMATEN-AVOCADO-SALAT

SOMMER-REZEPT

6 Tomaten
1 Salatgurke
1 kleine rote Zwiebel
1 Bio-Zitrone
2 kleine Avocados
5 Stiele Estragon
50 g schwarze Oliven
   (entsteint)
2 EL Aceto balsamico bianco
1 TL flüssiger Honig
Salz, Pfeffer
3 EL Olivenöl

1 Die Tomaten waschen und quer in Scheiben schneiden, dabei die Stielansätze entfernen. Die Gurke putzen, waschen, längs halbieren und die Kerne mit einem Löffel herausschaben. Die Hälften quer in ca. ½ cm breite Scheiben schneiden. Die Zwiebel schälen und in feine Würfel schneiden. Die Zitrone heiß waschen, abtrocknen und 1 TL Schale fein abreiben, die Zitrone halbieren und den Saft auspressen. Die Avocados halbieren, Kerne und Schalen entfernen, die Hälften quer in Scheiben schneiden.

2 Tomaten-, Gurken- und Avocadoscheiben leicht überlappend auf Teller legen. Mit den Zwiebelwürfeln bestreuen und mit dem Zitronensaft beträufeln. Den Estragon waschen, trocken tupfen und die Blätter abzupfen. Die Oliven grob hacken. Beides auf den Salat streuen. Den Essig mit Honig, Salz, Pfeffer, Zitronenschale und Öl verrühren und die Vinaigrette zum Servieren über den Salat träufeln.

Für 4 Personen • 30 Min. Zubereitung • Pro Portion ca. 570 kcal, 14 g EW, 48 g F, 19 g KH

ROTE-BETE-AVOCADO-SALAT 🌿

SCHNELL

40 g Walnusskerne
150 g Feldsalat
500 g gekochte Rote Bete
  (vakuumverpackt)
2 kleine Avocados
4 EL Weißweinessig
4 EL Orangensaft
Salz, Pfeffer
4 EL Olivenöl
2 EL Walnussöl
150 g Gorgonzola

1 Die Nüsse grob hacken und in einer Pfanne ohne Fett bei mittlerer Hitze goldbraun rösten. Herausnehmen und auf einem Teller abkühlen lassen. Inzwischen den Feldsalat verlesen, gut waschen und trocken schleudern. Die Roten Beten halbieren und in ca. 1 cm breite Spalten schneiden (dazu am besten Einmalhandschuhe tragen). Die Avocados halbieren, Kerne und Schalen entfernen, die Hälften quer in Scheiben schneiden.

2 Für die Vinaigrette Essig, Orangensaft, Salz und Pfeffer verrühren. Beide Ölsorten nach und nach unterrühren.

3 Feldsalat, Rote Bete und Avocadoscheiben auf Tellern anrichten und mit der Vinaigrette beträufeln. Den Gorgonzola in grobe Stücke zupfen und auf dem Salat verteilen. Den Salat mit den Nüssen bestreut servieren. Dazu passt frisches Baguette oder Weißbrot.

KABELJAU-CEVICHE MIT AVOCADO

AUS PERU

FÜR DEN FISCH

4 Limetten
1 Saftorange
2 rote Chilischoten
300 g sehr frisches Kabeljaufilet
Salz

FÜR DAS GEMÜSE

4 Tomaten
150 g Staudensellerie
1 rote Zwiebel
½ Bund Koriandergrün
2 Avocados
4 EL Olivenöl
Salz, Pfeffer

GU CLOU

Falls die Avocado bereits einen Tick zu reif ist, die geschälten Hälften in Frischhaltefolie wickeln und etwa 20 Minuten im Tiefkühlfach leicht anfrieren lassen. So wird das Fruchtfleisch fester und lässt sich problemlos in dünne Scheiben schneiden. Übrigens: Die Kälte schadet weder Aroma noch Farbe.

FISCH: Limetten und Orange halbieren und auspressen. Die Chilischoten längs halbieren, entkernen, waschen und in feine Würfel schneiden. Den Fisch waschen, trocken tupfen und mit einem scharfen Messer in sehr dünne Scheiben schneiden (Bild 1). In eine flache Schale geben. Limetten- und Orangensaft mit Chili und 1 TL Salz in einer kleinen Schüssel verrühren und die Marinade über dem Fisch verteilen (Bild 2). Die Zitrussäure denaturiert bzw. »gart« den Fisch. Mit Frischhaltefolie abgedeckt im Kühlschrank ca. 2 Std. marinieren.

GEMÜSE: Inzwischen die Tomaten waschen und die Stielansätze keilförmig herausschneiden. Die Tomaten mit kochendem Wasser übergießen, kurz ziehen lassen, dann abschrecken und häuten (Bild 3). Die Tomaten in kleine Würfel schneiden, dabei die Kerne entfernen. Den Sellerie putzen, waschen und in feine Würfel schneiden. Die Zwiebel schälen und sehr fein würfeln.

FERTIGSTELLEN: Kurz vor dem Servieren den Koriander waschen, trocken tupfen und die Blätter abzupfen. Die Avocados halbieren, Kerne und Schalen entfernen, die Hälften quer in dünne Scheiben schneiden (Bild 4).

ANRICHTEN: Tomaten, Sellerie, Zwiebel, Avocados und Koriander vorsichtig mit dem marinierten Fisch mischen (Bild 5) und auf Teller verteilen. Mit dem Öl beträufeln, mit Salz und Pfeffer würzen und sofort servieren. Dazu passen gebackene Tortillafladen und Crème double.

Für 4 Personen • 30 Min. Zubereitung • Pro Portion ca. 615 kcal, 16 g EW, 41 g F , 43 g KH

QUINOA-AVOCADO-BOWL 🍃

VEGAN

FÜR DIE BOWL

250 g Quinoa
Salz
60 g Mandeln
1 Bund Radieschen
2 Mini-Gurken
80 g Rucola
2 Avocados
100 g Heidelbeeren

FÜR DAS DRESSING

4 EL Zitronensaft
Salz,.Pfeffer
4 EL Leinöl
4 Stiele Basilikum

MEHR DARAUS MACHEN

Für ein nussiges Topping können Sie die Bowls zum Servieren mit 2 EL gerösteten Kernen, z.B. Sonnenblumen-, Kürbis- oder Pinienkernen, bestreuen.

BOWL: Die Quinoa in einem Sieb heiß abbrausen, abtropfen lassen und mit 750 ml Wasser und Salz in einen Topf geben. Alles einmal aufkochen, dann zugedeckt bei schwacher Hitze 10–15 Min. quellen lassen. Anschließend den Deckel abnehmen und die Quinoa auf dem abgeschalteten Herd offen ausdampfen lassen.

Inzwischen die Mandeln grob hacken. Radieschen und Gurken putzen, waschen und in dünne Scheiben schneiden. Den Rucola verlesen, waschen und trocken schütteln, dabei grobe Stiele entfernen. Die Avocados halbieren, Kerne und Schalen entfernen, die Hälften quer in dünne Scheiben schneiden. Die Heidelbeeren verlesen, waschen und trocken tupfen.

DRESSING: Den Zitronensaft mit Salz, Pfeffer und Öl gut verrühren. Das Basilikum waschen, trocken tupfen, die Blätter abzupfen, fein hacken und untermischen.

ANRICHTEN: Dressing und gehackte Mandeln unter die Quinoa mischen. Die Mischung in vier Bowls (große Schalen) füllen. Rucola, Avocadoscheiben, Radieschen, Gurken und Heidelbeeren darauf anrichten, sofort servieren.

Für 4 Personen • 10 Min. Zubereitung •
Pro Portion ca. 185 kcal, 2 g EW, 10 g F , 19 g KH

Für 4 Personen • 10 Min. Zubereitung •
Pro Portion ca. 225 kcal, 6 g EW, 11 g F , 25 g KH

GRÜNER AVOCADO-SMOOTHIE 🌿

VEGAN

BEERIGER AVOCADO-SMOOTHIE 🌿

VITAMINREICH

4 Saftorangen • 1 Avocado • 2 EL Limetten-saft • 1 grünschaliger Apfel (z. B. Granny Smith) • 30 g Baby-Blattspinat • 3 EL Agaven-dicksaft

100 g TK-Himbeeren • 100 g TK-Erdbeeren • 2 reife Bananen • 1 Avocado • 14 Minzeblätter • 2 EL Limettensaft • 2 EL Ahornsirup • 500 ml Buttermilch

1 Die Orangen halbieren und auspressen (ca. 400 ml). Die Avocado halbieren, Kern und Schalen entfernen, die Hälften mit Limetten- und Orangensaft in einen Standmixer geben.

2 Den Apfel waschen, vierteln, entkernen und grob schneiden. Den Spinat verlesen, waschen und abtropfen lassen, 4 Blätter beiseitelegen. Apfel, Spinat, Agavendicksaft und 50 ml kaltes Wasser in den Mixer dazugeben und alles erst auf kleiner Stufe, dann auf höchster Stufe fein pürieren. Falls der Smoothie zu dickflüssig ist, noch etwas kaltes Wasser dazugießen. In Gläser füllen und mit je 1 Spinatblatt garniert servieren.

1 Die Beeren antauen lassen. Die Bananen schä-len, grob schneiden und in einen Standmixer ge-ben. Die Avocado halbieren, Kern und Schalen entfernen, die Hälften mit den Beeren ebenfalls in den Mixer geben.

2 Die Minze waschen und trocken tupfen, 4 Blätter beiseitelegen. Minze, Limettensaft, Ahornsirup und Buttermilch in den Mixer hinzu-fügen und alles erst auf kleiner Stufe, dann auf höchster Stufe cremig-fein pürieren. Falls der Drink zu dickflüssig ist, noch bis zu 100 ml kaltes Wasser unterrühren. Den Smoothie in Gläser füllen und mit je 1 Minzeblatt garniert servieren.

Für 4 Personen • 10 Min. Zubereitung •
Pro Portion ca. 375 kcal, 4 g EW, 33 g F , 16 g KH

Für 4 Personen • 10 Min. Zubereitung •
Pro Portion ca. 375 kcal, 8 g EW, 30 g F , 16 g KH

TROPIC AVOCADO-SMOOTHIE 🍃

VEGAN

10 g geröstete, gesalzene Pistazien • 1 Stück Ingwer (ca. 1,5 cm) • 1 reife Mango (ca. 400 g) • 1 große Avocado • 400 g Kokosdrink (Tetrapak) • ½ TL gemahlene Kurkuma • 2 EL Zitronensaft • 2 EL Agavendicksaft

1 Die Pistazien aus der Schale lösen und grob hacken. Den Ingwer schälen und fein reiben. Die Mango schälen, das Fruchtfleisch erst vom Stein schneiden, dann in Stücke schneiden. Die Avocado halbieren und Kern und Schalen entfernen .

2 Mango und Avocado mit Ingwer, Kokosdrink und 200 ml kaltem Wasser in einen Standmixer geben. Kurkuma, Zitronensaft und Agavendicksaft hinzufügen und alles erst auf kleiner Stufe, dann auf höchster Stufe fein pürieren. Den Smoothie in Gläser füllen und mit den Pistazien bestreut servieren.

NUSSIGER AVOCADO-SMOOTHIE 🍃

FÜR KINDER

2 Avocados • 60 g Erdnussmus (ersatzweise Mandel- oder Haselnussmus) • 2 EL flüssiger Honig • 500 ml eisgekühlter ungesüßter Mandeldrink • 2 TL Kakaopulver • ½ TL gemahlene Vanille • 100 g Crushed Ice

1 Die Avocados halbieren, Kerne und Schalen entfernen, die Hälften in einen Standmixer geben. Erdnussmus, Honig und Mandeldrink in den Mixer dazugeben und alles erst auf kleiner Stufe, dann auf höchster Stufe fein pürieren.

2 Kakaopulver, Vanille und Crushed Ice hinzufügen und alles nochmal kräftig mixen. Falls der Drink zu dickflüssig ist, noch 150–200 ml kaltes Wasser untermixen. Den Smoothie in Gläser füllen und mit 1 Prise Kakao bestäubt servieren.

SNACKS & SUPPEN

Für 4 Personen • 30 Min. Zubereitung • Pro Portion ca. 635 kcal, 28 g EW, 30 g F , 62 g KH

AVOCADO-QUESADILLAS

AUS MEXIKO

FÜR DIE FÜLLUNG

250 g kleine Champignons
2 kleine rote Zwiebeln
1 Knoblauchzehe
2 EL Olivenöl
200 g Tatar (Beefsteakhack)
Salz, Pfeffer
2 kleine Avocados
60 g Parmesan (am Stück)

AUSSERDEM

8 Tortillas (Maisfladen; 20 cm ⌀)
4 EL saure Sahne

GU CLOU

Sandwichmaker aus der Pfanne! Die gefüllte Quesadilla in die heiße Pfanne legen, mit Back- papier belegen und mit einem passend großen Topf beschwe- ren. Durch den Druck wird sie beim Braten gut verschlossen – und die Zutaten fallen beim Essen nicht heraus.

FÜLLUNG: Die Pilze putzen, trocken abreiben und in feine Scheiben schneiden. Zwiebeln und Knoblauch schälen und in kleine Würfel schneiden. Das Öl in einer großen beschichte- ten Pfanne erhitzen und das Fleisch darin bei mittlerer bis starker Hitze unter Rühren in 4–5 Min. krümelig braten. Pilze, Zwiebeln und Knoblauch hinzufügen und alles ca. 5 Min. wei- terbraten. Mit Salz und Pfeffer würzen und vom Herd nehmen.

Inzwischen die Avocados halbieren, Kerne und Schalen ent- fernen, die Hälften in kleine Würfel schneiden und unter die Hackmasse mischen. Den Parmesan reiben.

TORTILLAS FÜLLEN: Den Backofen auf 80° vorheizen. 4 Tortillas auf die Arbeitsfläche legen und mit je 1 EL saurer Sahne bestreichen. Die Hackmischung darauf verteilen, mit Käse bestreuen und jeweils eine zweite Tortilla darauflegen.

TORTILLAS BACKEN: Die Pfanne von der Füllung mit Küchenpapier auswischen und ohne Fett erhitzen. Die gefüll- ten Fladen nacheinander in der Pfanne bei mittlerer bis star- ker Hitze ca. 3 Min. braten, dabei jeweils mit einem Back- papier belegen und mit einem Topf beschweren.

FERTIGSTELLEN: Die Quesadillas mithilfe eines großen Tellers wenden, erneut beschweren und in 2–3 Min. fertig ba- cken. Herausnehmen und im Ofen warm halten. Die übrigen Quesadillas ebenso backen. Zum Servieren in Stücke schnei- den. Dazu passt Sour cream, am besten mit Chili gewürzt.

Für 4 Personen • 40 Min. Zubereitung • Pro Portion ca. 890 kcal, 13 g EW, 74 g F , 42 g KH

AVOCADO-WEDGES MIT DIP

EINFACH

1 reife Mango
4 Stiele Koriandergrün
100 g Frischkäse
  (Doppelrahmstufe)
1 EL Limettensaft
2 TL Wasabipaste (Tube)
Salz
100 g Mehl
80 g Semmelbrösel
2 Eier (M)
Pfeffer
4 Avocados
500 ml Öl zum Frittieren

1 Die Mango schälen und das Fruchtfleisch in groben Stücken vom Stein schneiden. Das Koriandergrün waschen, trocken tupfen, Blätter abzupfen und grob hacken. Mango, Koriander, Frischkäse, Limettensaft, Wasabi und ¼ TL Salz in einem hohen Rührbecher mit dem Stabmixer fein pürieren. Den Dip abgedeckt kühl stellen.

2 Inzwischen Mehl, Semmelbrösel und Eier getrennt in tiefe Teller geben, dabei die Eier mit Salz und Pfeffer verquirlen. Die Avocados halbieren, Kerne und Schalen entfernen, die Hälften jeweils längs in 3 Spalten schneiden. Die Avocadospalten erst in Mehl wenden, dann durch die Eier ziehen, zuletzt in den Bröseln panieren.

3 Den Backofen auf 80° vorheizen. Die Avocados in einer Pfanne im Öl portionsweise bei mittlerer Hitze von jeder Seite 30–60 Sek. ausbacken. Herausnehmen und auf Küchenpapier abtropfen lassen, im Ofen warm halten. Mit dem Mangodip servieren.

Für 4 Personen • 30 Min. Zubereitung • Pro Portion ca. 455 kcal, 11 g EW, 35 g F , 24 g KH

AVOCADO-BRUSCHETTA 🌿

*80 g Scarnorza (ersatzweise
  Chedáar; am Stück)
20 g gesalzene Mandeln
2 kleine Avocados
2 EL Limettensaft
Salz
2 TL Chilipulver
  (Gewürzmischung)
200 g Baguette (ersatzweise
  Oliver-Ciabatta)
4 EL Olivenöl
8 Stiele Koriandergrün
½ Knoblauchzehe*

1 Den Käse in Späne hobeln. Die Mandeln hacken. Die Avocados halbieren, Kerne und Schalen entfernen, die Hälften mit einer Gabel fein zerdrücken. Sofort mit Limettensaft beträufeln, mit Salz und 1 TL Chilipulver würzen und die Mandeln untermischen.

2 Den Backofengrill oder Backofen auf 220° vorheizen. Ein Backblech mit Backpapier belegen. Das Baguette schräg in 8 ca. 2 cm dicke Scheiben schneiden, nebeneinander auf das Blech legen und mit dem Öl bestreichen. Die Baguettescheiben unter dem heißen Grill oder im Ofen (oben) in 4–5 Min. goldbraun rösten.

3 Inzwischen das Koriandergrün waschen, trocken tupfen und die Blätter abzupfen. Die Brote aus dem Ofen nehmen und mit der halbierten Knoblauchzehe einreiben. Mit der Avocadomasse bestreichen und mit Käse und Koriander bestreuen. Zum Servieren mit dem übrigen Chilipulver bestreuen.

Für 4 Personen • 40 Min. Zubereitung • 10 Min. Garen • Pro Portion ca. 465 kcal, 23 g EW, 39 g F , 4 g KH

ÜBERBACKENE OMELETTS 🌿

LOW CARB

1 große weiße Zwiebel
2 rote Spitzpaprika
1 große Avocado
4 EL Olivenöl
1 EL Zitronensaft
Salz, Pfeffer
100 g mittelalter Gouda
  (am Stück)
½ Bund Schnittlauch
8 Eier (M)
4 EL Milch

1 Den Backofen auf 200° vorheizen. Die Zwiebel schälen und fein würfeln. Die Paprikas längs halbieren, entkernen, waschen und in kleine Würfel schneiden. Die Avocado halbieren, Kern und Schalen entfernen, die Hälften in Würfel schneiden. Zwiebel, Paprikas und Avocado mit 2 EL Öl und Zitronensaft mischen, salzen und pfeffern. Den Käse reiben. Den Schnittlauch waschen, trocken tupfen und in feine Röllchen schneiden. Die Eier mit Milch, Salz und Pfeffer verquirlen und den Schnittlauch unterrühren.

2 Das übrige Öl portionsweise in einer beschichteten Pfanne erhitzen. Nacheinander jeweils ein Viertel der Eiermilch in der Pfanne zu einem Omelett backen, herausnehmen und warm halten. Die Omeletts mit dem Avocado-Mix belegen, zusammenklappen und leicht überlappend in eine Auflaufform (ca. 20 × 30 cm) legen. Mit dem Käse bestreuen und im Ofen (Mitte) ca. 10 Min. überbacken. Herausnehmen und sofort servieren.

Für 4 Personen • 30 Min. Zubereitung • Pro Portion ca. 585 kcal, 21 g EW, 25 g F , 69 g KH

AVOCADO-PANCAKES TEXMEX 🌿

GÜNSTIG

300 g Mehl
2 TL Backpulver
Salz
2 Eier (M)
400 ml Buttermilch
1 große Avocado
3 EL Olivenöl
1 Dose Gemüsemischung
   Texas-Art (265 g Abtropfgewicht)
3 Frühlingszwiebeln
1 Knoblauchzehe
200 g passierte Tomaten
   (aus der Dose)
Pfeffer

1 Den Backofen auf 80° vorheizen. Mehl, Backpulver, ½ TL Salz, Eier und Buttermilch glatt rühren. Die Avocado halbieren, Kern und Schalen entfernen. Mit einer Gabel zerdrücken und unter den Teig rühren. 2 EL Öl portionsweise in einer großen beschichteten Pfanne erhitzen und aus dem Teig 16 Pancakes backen. Dazu je 1–2 EL Teig bei mittlerer Hitze ca. 2 Min. backen, bis der Teig etwas fest geworden ist. Die Pancakes wenden und in 2–3 Min. goldbraun backen, herausnehmen und im Ofen warm halten.

2 Den Gemüse-Mix in einem Sieb abtropfen lassen. Die Frühlingszwiebeln putzen, waschen und in dünne Ringe schneiden, 1 EL beiseitestellen. Den Knoblauch schälen, in feine Würfel schneiden und mit Frühlingszwiebeln in einer Pfanne im übrigen Öl kurz andünsten. Tomaten und Gemüse-Mix hinzufügen, offen bei schwacher Hitze ca. 5 Min. köcheln, salzen und pfeffern. Die Pancakes mit Texmex-Gemüse und beiseitegestellten Frühlingszwiebeln bestreut servieren.

Für 4 Personen • 15 Min. Zubereitung •
Pro Portion ca. 145 kcal, 4 g EW, 15 g F , 4 g KH

Für 4 Personen • 30 Min. Zubereitung •
Pro Portion ca. 195 kcal, 4 g EW, 18 g F , 5 g KH

ERBSEN-SPINAT-GUACAMOLE 🍃

VEGAN

1 EL Kürbiskerne • 100 g TK-Erbsen • 75 g Baby-Blattspinat • ½ Bio-Zitrone • 1 Avocado • Salz, Pfeffer

1 Die Kürbiskerne in einer Pfanne ohne Fett anrösten, herausnehmen. Die Erbsen antauen lassen. Den Spinat verlesen und waschen. Beides in einer Schüssel mit kochendem Wasser übergießen und ca. 3 Min. stehen lassen. Dann beides in ein Sieb abgießen, kalt abschrecken und abtropfen lassen, anschließend grob hacken.

2 Die Zitrone heiß waschen, abtrocknen und die Schale fein abreiben, 2 EL Saft auspressen. Die Avocado halbieren, Kern und Schalen entfernen, die Hälften fein zerdrücken. Mit Zitronenschale und -saft unter den Erbsen-Mix mischen, salzen und pfeffern. Die Kürbiskerne grob hacken und darüberstreuen.

ROTE-BETE-AVOCADO-CREME 🍃

GUT VORZUBEREITEN

200 g Rote Bete • 1 Knoblauchzehe • 40 g Mandeln • 1 EL Olivenöl • Salz, Pfeffer • 1 Avocado • 2 TL Aceto balsamico • 2 TL geriebener Meerrettich (aus dem Glas) • 2 Stiele Dill

1 Die Roten Beten schälen, ca. 5 mm groß würfeln (dazu am besten Einmalhandschuhe tragen). Den Knoblauch schälen und fein würfeln. Die Mandeln grob hacken. Rote Bete, Knoblauch und Mandeln in einer Pfanne im Öl bei mittlerer Hitze ca. 3 Min. andünsten, dann mit 4 EL Wasser zugedeckt noch ca. 5 Min. dünsten. Salzen und pfeffern. Vom Herd nehmen und lauwarm abkühlen lassen.

2 Die Avocado halbieren, Kern und Schalen entfernen, die Hälften mit der Rote-Bete-Mischung fein pürieren. Mit Salz, Pfeffer, Essig und Meerrettich abschmecken. Den Dill waschen, trocken tupfen und die Spitzen grob zerzupfen, über die Creme streuen.

Für 4 Personen • 15 Min. Zubereitung •
Pro Portion ca. 243 kcal, 9 g EW, 15 g F , 18 g KH

Für 4 Personen • 15 Min. Zubereitung •
Pro Portion ca. 185 kcal, 10 g EW, 15 g F , 1 g KH

AVOCADO-HUMMUS 🌿

SCHNELL

150 g gegarte Kichererbsen (aus der Dose) •
*1 Avocado • 1 kleine Knoblauchzehe • 2 EL Zitronensaft • 1 EL Tahin (Sesampaste) • Salz,
Pfeffer • ¼ TL gemahlener Kreuzkümmel •
1 Msp. Cayennepfeffer • ½ Bund Petersilie*

1 Die Kichererbsen in ein Sieb abgießen, abbrausen und abtropfen lassen. Die Avocado halbieren, Kern und Schalen entfernen. Den Knoblauch schälen und in feine Würfel schneiden.

2 Kichererbsen, Avocado und Knoblauch mit Zitronensaft und Tahin in einem hohen Rührbecher mit dem Stabmixer fein pürieren. Mit Salz, Pfeffer, Kreuzkümmel und Cayennepfeffer abschmecken. Die Petersilie waschen, trocken tupfen, die Blätter abzupfen und bis auf ein paar Blätter fein hacken. Den Hummus mit gehackter Petersilie mischen und zum Servieren mit den übrigen Petersilienblättern garnieren.

AVOCADO-THUN-FISCH-AUFSTRICH

LOW CARB

*1 Dose Thunfisch im eigenen Saft (140 g Abtropfgewicht) • 1 große Avocado • 2 EL Limettensaft •
2 EL saure Sahne • Salz, Pfeffer • 1 EL Kapern
(aus dem Glas) • 1 Schalotte*

1 Den Thunfisch in einem Sieb gut abtropfen lassen. Die Avocado halbieren, Kern und Schalen entfernen. Avocado und Limettensaft in einem hohen Rührbecher glatt pürieren, dann die saure Sahne unterrühren.

2 Vom Thunfisch 1 EL zum Garnieren abnehmen, den Rest fein hacken und unter das Avocadomus mischen. Mit Salz und Pfeffer abschmecken. Die Kapern abtropfen lassen, grob hacken und unterheben. Die Schalotte schälen und in sehr feine Ringe schneiden. Zum Servieren den Aufstrich mit dem übrigen zerzupften Thunfisch und den Zwiebelringen garnieren.

Für 4 Personen • 25 Min. Zubereitung • Pro Portion ca. 340 kcal, 9 g EW, 32 g F , 4 g KH

GRILLAVOCADO MIT FETA 🍃

SOMMER-REZEPT

4 Tomaten
150 g Schafskäse (Feta)
2 Frühlingszwiebeln
½ Bund Petersilie
1 EL Aceto balsamico
2 EL Olivenöl
¼ TL Chiliflocken
Salz
2 Avocados
2 EL Zitronensaft
Öl zum Bestreichen

1 Die Tomaten waschen und in kleine Würfel schneiden, dabei Stielansätze und Kerne entfernen. Den Feta ebenfalls in kleine Würfel schneiden. Die Frühlingszwiebeln putzen, waschen und in dünne Ringe schneiden. Die Petersilie waschen, trocken tupfen, die Blätter abzupfen und fein hacken. Tomaten, Feta, Frühlingszwiebeln und Petersilie mischen und mit Essig, Öl, Chiliflocken und Salz würzen.

2 D e Avocados heiß waschen, abtrocknen, längs halbieren und die Kern∍ entfernen. Die Schnittflächen mit dem Zitronensaft beträufeln und mit etwas Öl bestreichen. Eine Grillpfanne mit Öl einfetten und erhitzen. Die Avocados mit der Schnittfläche nach unten in die Grillpfanne legen und bei mittlerer bis starker Hitze 3–4 Min. grillen. Mit der Schnittfläche nach oben auf Teller setzen und mit dem Tomaten-Feta-Mix servieren. Dazu passt Baguette.

Für 4 Personen • 30 Min. Zubereitung • Pro Portion ca. 410 kcal, 18 g EW, 36 g F , 2 g KH

AVOCADOEIER AUS DEM OFEN

ZUM FRÜHSTÜCK

2 große Avocados
2 EL Zitronensaft
Salz, Pfeffer
4 Scheiben geräucherter
  Lachs (ca. 125 g)
4 Eier (M)
1 kleine rote Zwiebel
4 Stiele Petersilie

1 Den Backofen auf 200° vorheizen. Die Avocados heiß waschen, abtrocknen, halbieren und die Kerne entfernen. Aus jeder Hälfte mit einem Löffel etwa 2 EL Fruchtfleisch entfernen (anderweitig verwenden). Schnittflächen mit Zitronensaft beträufeln.

2 Die Avocados aufrecht nebeneinander in eine Auflaufform (ca. 20 × 30 cm) setzen, salzen und pfeffern. Die Mulden in den Avocados mit je 1 Scheibe Lachs auskleiden, dabei leicht andrücken. Die Eier nacheinander aufschlagen und jeweils vorsichtig in eine Avocadohälfte gleiten lassen. Im Ofen (Mitte) 20–25 Min. garen, bis das Eiweiß fest und das Eigelb noch etwas weich ist.

3 Inzwischen die Zwiebel schälen, halbieren und in Streifen schneiden. Die Petersilie waschen, trocken tupfen, Blätter abzupfen und fein hacken, mit der Zwiebel mischen. Avocadoeier aus dem Ofen nehmen, mit Pfeffer und Petersilien-Mix bestreut servieren.

AVOCADO-GAZPACHO MIT GARNELEN

LOW CARB

FÜR DIE GAZPACHO

1 Salatgurke
2 hellgrüne Spitzpaprika
4 Frühlingszwiebeln
2 kleine Avocados
100 g Baby-Blattspinat
2 grüne Chilischoten
1 Knoblauchzehe
2 EL Limettensaft
6 EL Olivenöl
Salz, Pfeffer

FÜR DIE SPIESSE

16 rohe, geschälte Garnelen
  (küchenfertig)
1 EL Limettensaft
Salz
2 EL Olivenöl

AUSSERDEM

4 Holzspieße

TAUSCH-TIPP

Vegetarier können statt Garnelen 200 g Räuchertofu würfeln, auf Spieße stecken und wie im Rezept beschrieben braten.

GAZPACHO: Die Gurke putzen und schälen. Die Paprikas längs halbieren, entkernen und waschen. Beides in grobe Würfel schneiden. Die Frühlingszwiebeln putzen, waschen und in dünne Ringe schneiden. Die Avocados halbieren, Kerne und Schalen entfernen, die Hälften in Stücke schneiden. Den Spinat verlesen, waschen und trocken schütteln, einige Blätter zum Garnieren beiseitelegen. Die vorbereiteten Zutaten in einen Standmixer geben.

PÜRIEREN: Die Chilischoten längs halbieren, entkernen und waschen. Den Knoblauch schälen. Beides grob hacken. Mit Limettensaft und 150 ml kaltem Wasser in den Mixer dazugeben und alles auf höchster Stufe fein pürieren. Anschließend 4 EL Öl und 250 ml kaltes Wasser hinzufügen und alles nochmals sehr fein pürieren. Die Gazpacho salzen und pfeffern, in eine Schüssel füllen und mit Frischhaltefolie abgedeckt mindestens 1 Std. kühl stellen.

SPIESSE: Inzwischen die Garnelen waschen, trocken tupfen und je 4 Stück auf 1 Holzspieß stecken. Mit Limettensaft und Salz würzen. Kurz vor dem Servieren das Öl in einer Pfanne erhitzen und die Spieße darin bei mittlerer Hitze in 3–4 Min. rundum goldbraun anbraten.

ANRICHTEN: Die kalte Suppe in Schalen verteilen, mit dem restlichen Öl beträufeln und mit den beiseitegelegten Spinatblättern garnieren, nach Belieben nochmals mit Pfeffer bestreuen. Die Garnelenspieße dazu servieren.

Für 4 Personen • 30 Min. Zubereitung • Pro Portion ca. 250 kcal, 4 g EW, 22 g F , 7 g KH

TOMATENSUPPE MIT AVOCADO

SCHARF

1 Zwiebel
1 rote Chilischote
2 EL Olivenöl
1 EL Tomatenmark
800 g stückige Tomaten
*   (aus der Dose)*
750 ml Gemüsebrühe
Salz, Pfeffer
1 große Avocado
1 EL Zitronensaft
2 EL Crème fraîche
½ Kästchen Kresse
*   (nach Belieben)*

AUSSERDEM
Kugelausstecher

1 Die Zwiebel schälen und in feine Würfel schneiden. Die Chilischote längs halbieren, entkernen, waschen und in Ringe schneiden. Die Zwiebel in einem Topf im Öl bei mittlerer Hitze in 2–3 Min. glasig dünsten. Chili und Tomatenmark kurz mitdünsten, Tomaten und Brühe dazugießen. Alles salzen und pfeffern, zugedeckt aufkochen, bei schwacher Hitze ca. 15 Min. köcheln lassen.

2 Inzwischen die Avocado längs halbieren und den Kern entfernen. Aus dem Fruchtfleisch mit einem Kugelausstecher ca. 16 Bällchen ausstechen und sofort mit Zitronensaft beträufeln, damit sie sich nicht bräunlich verfärben (alternativ in Würfel schneiden). Übriges Fruchtfleisch in die Suppe geben. Die Suppe vom Herd nehmen, mit dem Stabmixer fein pürieren, salzen und pfeffern und in Schalen verteilen. Die Crème fraîche mit 2 EL Wasser verrührt darüberträufeln und die Avocado daraufsetzen. Nach Belieben die Kresse vom Beet schneiden, waschen, trocken tupfen und darüberstreuen.

Für 4 Personen • 30 Min. Zubereitung • Pro Portion ca. 440 kcal, 11 g EW, 26 g F , 37 g KH

MAISSUPPE MIT KORIANDERÖL

EINFACH

3 Schalotten
2 Knoblauchzehen
570 g Maiskörner (aus
*   der Dose)*
4 EL Olivenöl
1 TL gemahlener Kreuz-
*   kümmel*
500 ml Milch
500 ml Gemüsebrühe
½ Bund Koriandergrün
1 Avocado
1 EL Limettensaft
Salz, Pfeffer

1 Schalotten und Knoblauch schälen und fein würfeln. Den Mais in ein Sieb abgießen und abtropfen lassen. In einem Topf 2 EL Öl erhitzen und Schalotten, Knoblauch und Kreuzkümmel darin bei mittlerer Hitze 2–3 Min. andünsten. Mais, Milch und Brühe dazugeben, alles aufkochen und zugedeckt bei mittlerer Hitze ca. 15 Min. garen.

2 Inzwischen Koriander waschen, trocken tupfen und die Blätter abzupfen. Die Avocado halbieren, Kern und Schalen entfernen. Drei Viertel der Avocado in Würfel schneiden und mit Limettensaft beträufeln, den Rest mit Korianderblättern, übrigem Öl und 4 EL Wasser im Blitzhacker fein pürieren.

3 Die Suppe mit dem Stabmixer fein pürieren und durch ein Sieb streichen, salzen und pfeffern. Zum Servieren die Suppe in Schalen verteilen, die Avocadowürfel daraufsetzen und mit dem Avocado-Koriander-Öl beträufeln.

WARMES ZUM SATTESSEN

OFENGEMÜSE MIT AVOCADO-AIOLI

WINTER-REZEPT

FÜR DAS OFENGEMÜSE

2 Süßkartoffeln (ca. 600 g)
500 g Möhren
500 g Pastinaken
2 Rote Beten (à ca. 250 g)
10 Stiele Thymian
8 EL Olivenöl
Salz, Pfeffer

FÜR DIE AIOLI

6 Knoblauchzehen
2 Avocados
2 EL Zitronensaft
100 g griech. Joghurt (10 % Fett)
Salz, Pfeffer

TAUSCH-TIPP

Für einen orientalischen Schärfe-Kick können Sie den Knoblauch in der Aioli auch durch 2 TL Harissa (scharfe Würzpaste; Glas) ersetzen.

OFENGEMÜSE: Den Backofen auf 200° vorheizen. Ein Backblech mit Backpapier auslegen. Süßkartoffeln, Möhren, Pastinaken und Rote Beten (dazu am besten Einmalhandschuhe tragen) putzen und schälen. Süßkartoffeln, Pastinaken und Rote Beten längs halbieren und mit den Möhren in ca. 5 mm dicke Scheiben schneiden.

Den Thymian waschen, trocken tupfen, die Blätter abzupfen und fein hacken. In einer großen Schüssel Thymian mit Öl, Salz und Pfeffer mischen. Das Gemüse und die Knoblauchzehen für die Aioli ungeschält im Würzöl gründlich wenden und auf dem Blech verteilen. Im Ofen (unten) ca. 20 Min. rösten. Dann das Gemüse und den Knoblauch wenden und noch ca. 25 Min. rösten, bis es leicht gebräunt ist.

AIOLI: Die Knoblauchzehen vom Blech nehmen, währenddessen das Gemüse noch ca. 10 Min. im abgeschalteten Ofen ziehen lassen, dann warm halten. Das Knoblauchfleisch aus den Schalen drücken und in einen hohen Rührbecher geben. Die Avocados halbieren, Kerne und Schalen entfernen, die Hälften mit Zitronensaft und Joghurt zum Knoblauch geben. Alles mit dem Stabmixer glatt pürieren und die Aioli mit Salz und Pfeffer abschmecken.

ANRICHTEN: Das Ofengemüse mit der Avocado-Aioli auf Teller verteilen. Dazu passen geröstete Baguettescheiben.

Für 4 Personen • 30 Min. Zubereitung • Pro Portion ca. 805 kcal, 24 g EW, 44 g F , 78 g KH

PASTA MIT AVOCADOPESTO 🌿

SCHNELL

400 g Spaghetti
Salz
2 EL Pinienkerne
500 g bunte Kirschtomaten
  (gelb, rot)
1 Knoblauchzehe
100 g Parmesan (am Stück)
1 Bund Basilikum
2 Avocados
2 EL Zitronensaft
4 EL Olivenöl
Pfeffer
1 TL Chiliflocken

1 Die Nudeln in reichlich kochendem Salzwasser nach Packungsanweisung bissfest garen. In ein Sieb abgießen und abtropfen lassen. Die Pinienkerne in einer Pfanne ohne Fett goldbraun anrösten, herausnehmen und auf einem Teller abkühlen lassen.

2 Die Tomaten waschen und vierteln. Knoblauch schälen und grob hacken. 50 g Parmesan in Späne hobeln, den Rest fein reiben. Basilikum waschen, trocken tupfen, Blätter abzupfen, einige Blätter beiseitelegen. Avocados halbieren, Kerne und Schalen entfernen. 2 Hälften würfeln und mit 1 EL Zitronensaft beträufeln, 2 Hälften mit Knoblauch, geriebenem Parmesan, Basilikum, Öl und übrigem Zitronensaft zu einem Pesto pürieren, salzen und pfeffern.

3 Die Nudeln mit Tomaten, Avocadowürfeln und Pinienkernen mischen. Mit dem Pesto auf Teller verteilen und mit Chiliflocken, Parmesanspänen und beiseitegelegtem Basilikum bestreuen.

Für 4 Personen • 30 Min. Zubereitung • Pro ca. 650 kcal, 14 g EW, 30 g F , 78 g KH

PAPRIKA-AVOCADO-PENNE 🌿

SCHARF

400 g Penne
Salz
2 Knoblauchzehen
1 Bund Frühlingszwiebeln
200 g geröstete Paprika
  (in Öl; aus dem Glas)
2 EL Jalapeños (in Scheiben;
  aus dem Glas)
½ Bio-Zitrone
2 Avocados
½ Bund Petersilie
3 EL Olivenöl
200 ml Gemüsebrühe
Pfeffer

1 Die Nudeln in reichlich kochendem Salzwasser nach Packungsanweisung bissfest garen. In ein Sieb abgießen und gut abtropfen lassen. Inzwischen Knoblauch schälen und fein würfeln. Frühlingszwiebeln putzen, waschen und in dünne Ringe schneiden. Paprika abtropfen lassen und in ca. 1 cm breite Streifen schneiden. Jalapeños abtropfen lassen. Zitrone heiß waschen, abtrocknen und die Schale fein abreiben, Saft auspressen. Avocados halbieren, Kerne und Schalen entfernen, die Hälften in Scheiben schneiden, mit Zitronensaft beträufeln. Petersilie waschen, trocken tupfen, Blätter abzupfen und fein hacken.

2 Knoblauch und Frühlingszwiebeln in einer Pfanne im Öl bei mittlerer Hitze ca. 2 Min. andünsten. Paprika kurz mitbraten. Brühe dazugießen und bei mittlerer Hitze ca. 5 Min. einkochen. Nudeln, Jalapeños, Zitronenschale und Petersilie untermischen. Zum Servieren die Pasta abschmecken und die Avocados vorsichtig unterheben.

Für 4 Personen • 45 Min. Zubereitung • Pro Portion ca. 585 kcal, 13 g EW, 26 g F , 71 g KH

LIMETTEN-AVOCADO-RISOTTO

FÜR GÄSTE

2 Bio-Limetten
1 Zwiebel
1 Knoblauchzehe
1 l Gemüsebrühe
1 EL Olivenöl
2 EL Butter
350 g Risotto-Reis
200 g Baby-Blattspinat
2 kleine Avocados
40 g Parmesan (am Stück)
Salz, Pfeffer

1 Limetten heiß waschen und abtrocknen. Die Schale von 1 Limette mit dem Sparschäler in dünnen Streifen abziehen und klein würfeln. Von der 2. Limette ½ TL Schale fein abreiben und 2 EL Saft auspressen. Zwiebel und Knoblauch schälen und würfeln. Brühe erhitzen. Zwiebel und Knoblauch in einem Topf in Öl und 1 EL Butter bei mittlerer Hitze glasig dünsten. Gesamte Limettenschale und Reis unter Rühren ca. 2 Min. andünsten. 125 ml Brühe dazugießen und einkochen. Nach und nach übrige Brühe dazugießen und jeweils unter Rühren einkochen lassen. Den Reis offen bei schwacher Hitze in 20–30 Min. weich garen, dabei ab und zu umrühren.

2 Spinat verlesen, waschen und abtropfen lassen. Avocados halbieren, Kerne und Schalen entfernen, Hälften würfeln, mit Limettensaft beträufeln. Parmesan fein reiben. Hälfte von Avocado und Spinat mit übriger Butter und Parmesan im Risotto erwärmen. Abschmecken und mit der restlichen Avocado und dem Spinat bestreut servieren.

Für 4 Personen • 25 Min. Zubereitung • Pro Portion ca. 685 kcal, 45 g EW, 40 g F , 35 g KH

KARTOFFELN MIT AVOCADOQUARK

SCHNELL

1 kg kleine festkochende Kartoffeln, Salz
2 Avocados
3 EL Zitronensaft
500 g Magerquark
2 EL Olivenöl
Pfeffer
½ Bund Frankfurter-Grüne-Sauce-Kräuter (Borretsch, Brunnenkresse, Kerbel, Petersilie, Pimpinelle, Sauerampfer, Schnittlauch)
300 g geräucherter Lachs (in dünnen Scheiben; ersatzweise Lachs- oder Kochschinken)

1 Die Kartoffeln mit Schale gut waschen, in einem Topf mit Salzwasser bedecken, aufkochen und in ca. 20 Min. als Pellkartoffeln garen.

2 Währenddessen die Avocados halbieren, Kerne und Schalen entfernen, die Avocadohälften mit dem Zitronensaft mit einer Gabel fein zerdrücken. Das Avocadopüree mit Quark und Öl glatt rühren, mit Salz und Pfeffer würzen. Die Kräuter verlesen, waschen, trocken tupfen, die Blätter abzupfen und fein hacken. Anschließend die Kräuter unter den Avocadoquark mischen.

3 Die Kartoffeln abgießen, kurz ausdampfen lassen und pellen, auf Teller setzen und mit Pfeffer würzen. Den Avocadoquark und den Räucherlachs dazu servieren.

Für 4 Personen • 30 Min. Zubereitung • Pro Portion ca. 705 kcal, 35 g EW, 49 g F , 30 g KH

STEAKS MIT AVOCADOPÜREE

SCHNELL

FÜR DAS PÜREE

800 g mehligkochende Kartoffeln
Salz
2 Avocados
2 EL Limettensaft
1 Bund Koriandergrün
2 EL Olivenöl
Pfeffer

FÜR DIE STEAKS

600 g Rinderhüftsteaks
2 Zwiebeln
2 Knoblauchzehen
1 rote Chilischote
500 g bunte Kirschtomaten
    (rot, gelb)
2 EL Olivenöl
Salz, Pfeffer

GUT ZU WISSEN

Die gekochten Kartoffeln am besten immer mit einem Stampfer oder einer Presse zerdrücken. Keinesfalls pürieren, sonst wird das Püree klebrig.

KARTOFFELN: Die Kartoffeln schälen, waschen, in grobe Stücke schneiden und zugedeckt in Salzwasser in ca. 20 Min. weich garen. Abgießen und kurz ausdampfen lassen.

STEAKS: Inzwischen das Fleisch in feine Streifen schneiden. Zwiebeln und Knoblauch schälen und fein würfeln. Die Chilischote längs halbieren, entkernen, waschen und sehr klein würfeln. Die Tomaten waschen und halbieren. In einer großen Pfanne das Öl erhitzen, das Fleisch darin in zwei Portionen nacheinander unter Wenden bei starker Hitze ca. 2 Min. kräftig anbraten. Salzen und pfeffern, herausnehmen. Dann Zwiebeln und Chilis im verbliebenen Bratfett bei mittlerer Hitze 2–3 Min. dünsten. Tomaten und Knoblauch hinzufügen und kurz erhitzen. Das Fleisch wieder dazugeben, alles mit Salz und Pfeffer abschmecken und warm halten.

PÜREE: Kurz vor Ende der Garzeit der Kartoffeln die Avocados halbieren, Kerne und Schalen entfernen, die Hälften in Stücke schneiden und mit dem Limettensaft beträufeln. Das Koriandergrün waschen, trocken tupfen und die Blätter abzupfen, einige Blätter zum Garnieren beiseitelegen, den Rest fein hacken. Die Avocados mit Kartoffeln und Öl zerstampfen. Das gehackte Koriandergrün untermischen und das Püree mit Salz und Pfeffer abschmecken.

ANRICHTEN: Das Püree mit den Steakstreifen auf Teller verteilen und mit dem beiseitegelegten Koriander bestreuen.

1

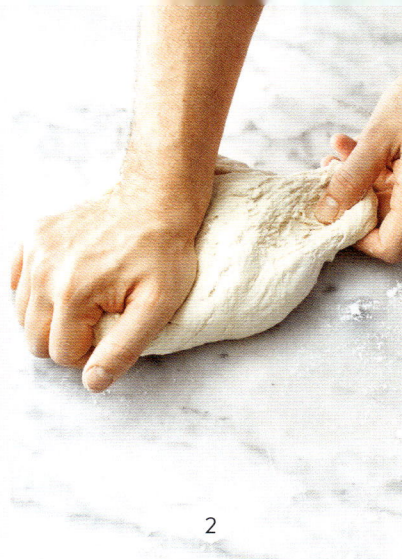

2

3

PIZZA MEXIKO

SCHARF

4

5

6

Für 4 Personen • 45 Min. Zubereitung • 30 Min. Gehen • 15 Min. Backen •
Pro Portion ca. 1155 kcal, 43 g EW, 65 g F , 97 g KH

FÜR DEN TEIG

1 Würfel frische Hefe (ca. 42 g)
500 g Mehl
1 TL Salz
5 EL Olivenöl
Mehl zum Arbeiten

FÜR DEN BELAG

800 g scharfe stückige Tomaten
(aus der Dose)
6 EL Olivenöl
Salz, Pfeffer
300 g Rinderhackfleisch
2 rote Zwiebeln
120 g Cheddar (am Stück)
2 EL Jalapeños (in Scheiben;
aus dem Glas)
2 kleine Avocados
2 EL Limettensaft

GU CLOU

Gut Ding braucht Weile! Und Hefe mag es ja eigentlich gern warm. Wenn der Pizzateig aber über Nacht zugedeckt im Kühlschrank ruhen darf, wird er durch die lange Gehzeit besonders locker und luftig und schmeckt gebacken noch aromatischer.

TEIG: Die Hefe zerbröckeln und in einer kleinen Schüssel mit 300 ml lauwarmem Wasser glatt rühren (Bild 1). Mehl und Salz in einer Rührschüssel mischen, Hefemischung und Öl dazugeben und alles erst mit den Knethaken des Handrührgeräts, dann mit den Händen glatt verkneten (Bild 2). Den Hefeteig zugedeckt an einem warmen Ort ca. 30 Min. gehen lassen.

BELAG: Inzwischen den Backofen auf 250° vorheizen. Ein Backblech mit Backpapier belegen. Die Tomaten in einem Sieb abtropfen lassen (Saft anderweitig verwenden; Bild 3), dann mit 4 EL Öl verrühren, salzen und pfeffern. Das übrige Öl in einer Pfanne erhitzen und das Fleisch darin bei mittlerer Hitze unter Rühren in ca. 5 Min. krümelig braten, salzen und pfeffern (Bild 4). Vom Herd nehmen. Die Zwiebeln schälen, halbieren und in Streifen schneiden. Den Käse reiben. Die Jalapeños in einem Sieb abtropfen lassen.

Den Teig auf der leicht bemehlten Arbeitsfläche kurz durchkneten, zu 4 Kugeln formen und diese zu Fladen (ca. 22 cm ⌀) ausrollen. Je 2 Fladen nebeneinander auf das Blech legen. Die Hälfte von Tomatensauce und Cheddar auf beide verteilen, mit jeweils der Hälfte von Hackfleisch, Zwiebeln und Jalapeños belegen (Bild 5). Im Ofen (Mitte) 12–15 Min. backen.

ANRICHTEN: Die Avocados halbieren, Kerne und Schalen entfernen, die Hälften in Würfel schneiden. Mit dem Limettensaft beträufeln, salzen und pfeffern. Die ersten beiden Pizzas aus dem Ofen nehmen und zum Servieren mit je einem Viertel der Avocadowürfel bestreuen (Bild 6). Während man die ersten beiden Pizzas isst, die übrigen zwei Pizzas ebenso backen. Aus dem Ofen nehmen und sofort servieren.

Für 4 Personen • 40 Min. Zubereitung • Pro Portion ca. 580 kcal, 40 g EW, 39 g F , 17 g KH

GRÜNE HÄHNCHENPFANNE

VOLLWERT

500 g Brokkoli
250 g Zuckerschoten
Salz
200 g TK-Erbsen
1 Pck. TK-8-Kräuter-Mischung
  (ca. 75 g; fein gehackt)
200 g Sahne
2 TL Speisestärke
2 kleine Avocados
2 EL Zitronensaft
500 g Hähnchenbrustfilet
2 EL Öl
Pfeffer

1 Brokkoli putzen, waschen und in Röschen schneiden, Stiele schälen und klein würfeln. Zuckerschoten waschen und halbieren. Brokkoli in Salzwasser ca. 3 Min. blanchieren, Zuckerschoten und Erbsen nach ca. 2 Min. hinzufügen. Alles in ein Sieb abgießen, kalt abschrecken und abtropfen lassen, dabei 100 ml Kochwasser auffangen. Die gefrorenen Kräuter in einem hohen Rührbecher mit Sahne, Kochwasser und Stärke fein pürieren. Avocados halbieren, Kerne und Schalen entfernen, Hälften würfeln, mit Zitronensaft beträufeln.

2 Fleisch waschen, trocken tupfen, in Streifen schneiden und in einer großen Pfanne im Öl portionsweise bei mittlerer Hitze 3–4 Min. anbraten, salzen und pfeffern. Das gesamte Fleisch in die Pfanne geben und mit dem Gemüse ca. 2 Min. braten. Kräutersahne einrühren, alles aufkochen und offen bei schwacher Hitze ca. 2 Min. köcheln. Zum Servieren Avocadowürfel untermischen, mit Salz und Pfeffer würzen. Dazu schmeckt eine Reis-Wildreis-Mischung.

Für 4 Personen • 30 Min. Zubereitung • 30 Min. Marinieren • Pro Portion ca. 765 kcal, 34 g EW, 65 g F , 8 g KH

SCHWEINESTEAKS MIT SALSA

EINFACH

2 TL edelsüßes Paprikapulver
2 TL rosenscharfes Paprika-
pulver
8 EL Olivenöl
4 Schweinenackensteaks
(à ca. 180 g)
1 Salatgurke
2 gelbe Paprika
2 Avocados
2 rote Zwiebeln
1 Bund Koriandergrün
2 EL Weißweinessig
Salz, Pfeffer

1 Beide Paprikapulver mit 5 EL Öl verrühren, die Steaks damit rundum bestreichen und zugedeckt ca. 30 Min. marinieren.

2 Inzwischen die Gurke putzen, waschen, längs halbieren und die Kerne mit einem Löffel herausschaben. Die Paprikas längs halbieren, entkernen und waschen. Die Avocados halbieren, Kerne und Schalen entfernen. Gurke, Paprikas und Avocados ca. 5 mm groß würfeln. Die Zwiebeln schälen und fein würfeln. Das Koriandergrün waschen, trocken tupfen, die Blätter abzupfen und fein hacken. Alle vorbereiteten Zutaten mit Essig, Salz, Pfeffer und übrigen 3 EL Öl mischen.

3 Die Steaks in einer großen Pfanne bei mittlerer bis starker Hitze auf jeder Seite 5–6 Min. braten, dabei salzen und pfeffern. Das Fleisch aus der Pfanne nehmen, nach Belieben in Streifen schneiden und mit der Salsa servieren. Dazu schmecken Bratkartoffeln.

DESSERTS & GEBÄCK

Für 4 Personen • 30 Min. Zubereitung • 30 Min. Kühlen • Pro Portion ca. 525 kcal, 9 g EW, 36 g F , 40 g KH

AVOCADONOCKEN AUF OBST

FÜR GÄSTE

FÜR DIE NOCKEN

2 Avocados
6 EL Zitronensaft
75 g Zucker
100 g Ricotta
1 Pck. Sofort-Gelatine (ca. 15 g)
125 g Sahne

FÜR DAS CARPACCIO

4 Kiwis
4 Clementinen
2 EL flüssiger Honig
4 TL Pistazienkerne

GUT ZU WISSEN

Kiwi und Milchprodukte vertragen sich nicht – es kann sich ein bitterer Geschmack bilden. Die Ursache ist ein Enzym in der rohen Kiwi. Die Nocken erst kurz vor dem Servieren auf die Kiwi setzen. (Oder süße gelbe Kiwi nehmen, die enthält das Enzym nicht.)

NOCKEN: Die Avocados halbieren, Kerne und Schalen entfernen, die Hälften mit 2 EL Zitronensaft in einem hohen Rührbecher fein pürieren. Erst Zucker und Ricotta dazugeben und kurz untermischen, dann die Gelatine hinzufügen und ca. 1 Min. unterrühren. Die Sahne mit den Rührbesen des Handrührgeräts steif schlagen und mit einem Teigschaber vorsichtig unter die Avocadocreme heben. Die Mousse abgedeckt ca. 30 Min. kühl stellen.

CARPACCIO: Inzwischen die Kiwis schälen und quer in dünne Scheiben schneiden. Die Clementinen schälen, dabei auch die weißen Häutchen entfernen. Die Clementinen ebenfalls quer in dünne Scheiben schneiden. Kiwi- und Clementinenscheiben abwechselnd leicht überlappend und ringförmig auf 4 Tellern auslegen. Die übrigen 4 EL Zitronensaft und den Honig verrühren und über die Früchte träufeln.

ANRICHTEN: Von der Mousse mit zwei Esslöffeln Nocken abstechen und auf das Obst-Carpaccio setzen. Die Pistazien grob hacken und zum Servieren darüberstreuen.

Für 4 Personen • 25 Min. Zubereitung • 2 Std. Kühlen • Pro Portion ca. 345 kcal, 6 g EW, 27 g F , 20 g KH

AVOCADO-MOUSSE MIT MANGO 🍃

FÜR GÄSTE

2 Avocados
1 EL Zitronensaft
½ Vanilleschote
3 EL Kakaopulver
4 EL Ahornsirup (ersatzweise
  flüssiger Honig)
6 EL Milch
½ reife Mango
  (ohne Stein; ca. 250 g)
30 g Zartbitterschokolade
  (mind. 70 % Kakaogehalt)

1 Die Avocados halbieren, Kerne und Schalen entfernen. Das Fruchtfleisch mit dem Zitronensaft in einem hohen Rührbecher mit dem Stabmixer fein pürieren.

2 Die Vanilleschote längs aufschlitzen und das Mark herauskratzen. Vanillemark, Kakao und Ahornsirup zum Avocadopüree geben und alles fein mixen. Dann esslöffelweise so viel Milch dazugeben, bis die gewünschte Konsistenz erreicht ist. Die Creme in Dessertschalen verteilen und abgedeckt ca. 2 Std. kühl stellen.

3 Ca. 15 Min. vor dem Servieren die Mango schälen und in kleine Würfel schneiden. Die Schokolade grob hacken oder raspeln. Die Mangowürfel auf der Mousse verteilen und zum Servieren mit der Schokolade bestreuen.

Für 4 Personen • 25 Min. Zubereitung • 1 Std. Kühlen • Pro Portion ca. 320 kcal, 4 g EW, 21 g F , 27 g KH

AVOCADOCREME MIT ERDBEEREN

SOMMER-REZEPT

1 Bio-Limette
2 kleine Avocados
2 EL Puderzucker
150 g griech. Joghurt
   (10 % Fett)
4 TL Pinienkerne
300 g Erdbeeren
4 Stiele Minze
2 EL brauner Zucker

1 Die Limette heiß waschen, abtrocknen und die Schale fein abreiben, den Saft auspressen. Die Avocados halbieren, Kerne und Schalen entfernen. In einem hohen Rührbecher mit Limettenschale und -saft und Puderzucker fein pürieren. Den Joghurt unterheben und die Creme abgedeckt ca. 1 Std. kühl stellen.

2 Inzwischen die Pinienkerne in einer Pfanne ohne Fett goldbraun rösten. Vom Herd nehmen und abkühlen lassen. Erdbeeren waschen, trocken tupfen, putzen und je nach Größe halbieren oder vierteln. Minze waschen, trocken tupfen, die Blätter abzupfen und einige zum Garnieren beiseitelegen. Die übrige Minze grob hacken und mit dem braunen Zucker im Blitzhacker oder im Mörser fein zermahlen.

3 Die Avocadocreme in Schalen verteilen und die Erdbeeren daraufsetzen. Zum Servieren mit Minzzucker und Pinienkernen bestreuen und mit den beiseitegelegten Minzeblättern garnieren.

Für 4 Personen • 30 Min. Zubereitung • Pro Portion ca. 420kcal, 5 g EW, 23 g F , 44 g KH

EXOTISCHER OBSTSALAT 🍃

VITAMINREICH

4 TL Kokosraspel
4 Passionsfrüchte
2 EL flüssiger Honig
1 kleine reife Mango
300 g reife Papaya
2 kleine Avocados
1 Banane
100 g Physalis
200 g griech. Joghurt
   (10 % Fett)

1 Die Kokosraspel in einer Pfanne ohne Fett goldbraun rösten. Vom Herd nehmen und abkühlen lassen. Die Passionsfrüchte halbieren, das Fruchtfleisch samt Kernen aus der Schale lösen und in einen hohen Rührbecher geben. Den Honig hinzufügen, alles mit dem Stabmixer kurz pürieren und durch ein Sieb in eine Schüssel streichen.

2 Die Mango schälen, das Fruchtfleisch erst vom Stein und dann in Scheiben schneiden. Die Papaya schälen, halbieren, die Kerne mit einem Löffel entfernen, Fruchtfleisch ebenfalls in Scheiben schneiden. Die Avocados halbieren, Kerne und Schalen entfernen, die Hälften quer in Scheiben schneiden. Die Banane schälen und schräg in Scheiben schneiden. Die Physalis aus der Hülle lösen und halbieren. Das Obst vorsichtig mit der Sauce mischen.

3 Zum Servieren den Obstsalat auf Schalen verteilen, den Joghurt locker daraufsetzen und jeweils mit 1 TL Kokosraspeln bestreuen.

Für 4 Personen • 30 Min. Zubereitung • 6 Std. oder 40 Min. (Eismaschine) Tiefgefrieren •
Pro Portion ca. 440 kcal, 5 g EW, 29 g F , 38 g KH

AVOCADO-KOKOS-SORBET 🍃

LAKTOSEFREI

125 g Zucker
2 Bio-Limetten
2 kleine Avocados
200 ml Kokosmilch
¼ TL gemahlene Vanille
1 EL Kakaopulver
40 g Zartbitterkuvertüre
  (mind. 55 % Kakaoanteil)

1 In einem Topf 120 g Zucker mit 125 ml Wasser so lange erhitzen, bis sich der Zucker vollständig aufgelöst hat, dabei ab und zu umrühren. Vom Herd nehmen und abkühlen lassen. 1 Limette heiß waschen, abtrocknen und die Schale fein abreiben. Beide Limetten auspressen. Die Avocados halbieren, Kerne und Schalen entfernen (ergibt ca. 300 g), die Hälften mit 4 EL Limettensaft fein pürieren. Kokosmilch, Zuckerlösung, Limettenschale und Vanille unterrühren.

2 Die Masse in einer Metallschüssel mit Folie abgedeckt ins Gefrierfach stellen. Nach ca. 1 Std. durchrühren, dann ca. alle 30 Min. wiederholen, bis die Masse in 4–6 Std. cremig fest gefroren ist (alternativ in der Eismaschine in 30–40 Min. gefrieren lassen). Für die Sauce 6 EL Wasser, übrigen Zucker und den Kakao in einem kleinen Topf verrühren und aufkochen. Die Kuvertüre hacken und in der Sauce schmelzen. Zum Servieren das Sorbet in Dessertschalen anrichten und mit der Schokosauce überziehen.

Für 1 Muffinform (12 Mulden) • 30 Min. Zubereitung • 25 Min. Backen • 1 Std. Kühlen •
Pro Stück ca. 315 kcal, 5 g EW, 14 g F, 41 g KH

AVOCADO-LIMETTEN-MUFFINS 🌿

LAKTOSEFREI

FÜR DIE MUFFINS
300 g Weizenmehl (Type 550)
2 TL Backpulver
2 Bio-Limetten
100 ml Rapsöl
125 g Zucker
Salz
3 Eier (M)
1 Avocado

FÜR DIE GLASUR
150 g Puderzucker
1 EL Pistazienkerne

AUSSERDEM
12 Muffin-Papierbackförmchen

MEHR DARAUS MACHEN
Für Cupcakes (Achtung, enthalten Laktose!) 100 g flüssige Zartbitterschokolade (70 % Kakaoanteil), 150 g weiche Butter, 150 g Puderzucker und 150 g Frischkäse (Doppelrahmstufe) cremig rühren. Mithilfe eines Spritzbeutels kleine Tuffs auf die Muffins spritzen.

MUFFINS: Den Backofen auf 180° vorheizen. Die Mulden der Form mit Papierförmchen auslegen. Das Mehl mit dem Backpulver mischen. Die Limetten heiß waschen, abtrocknen und die Schale fein abreiben, die Limetten halbieren und den Saft auspressen. In einer Schüssel Öl, Zucker, Limettenschale und 1 Prise Salz mit den Rührbesen des Handrührgeräts ca. 5 Min. cremig rühren. Die Eier einzeln dazugeben und jeweils ca. 30 Sek. unterrühren.

Die Avocado halbieren, Kern und Schalen entfernen (ergibt ca. 200 g), die Hälften mit 2 EL Limettensaft in einem hohen Rührbecher fein pürieren. Anschließend mit der Mehlmischung abwechselnd zur Öl-Eier-Masse geben und kurz unterrühren.

BACKEN: Den Teig in die Mulden füllen und im Ofen (Mitte) ca. 25 Min. backen. Die Muffins herausnehmen und auf einem Kuchengitter ca. 10 Min. abkühlen lassen, dann aus der Form lösen und völlig abkühlen lassen.

GLASUR: Den Puderzucker mit 3 EL Limettensaft (vom Teig) dickflüssig verrühren. Die Pistazien grob hacken. Die Muffins mit dem Guss bestreichen und mit den Pistazien bestreuen.

Für 1 Tarteform (28 cm ∅, 12 Stück) • 1 Std. Zubereitung • 25 Min. Backen • 2 Std. Kühlen •
Pro Stück ca. 415 kcal, 7 g EW, 32 g F, 25 g KH

AVOCADO-ERDBEER-TARTE

FÜR GÄSTE

FÜR DEN TEIG

100 g Mandelblättchen
170 g weiche Butter
80 g Zucker
Salz
1 Ei (L)
250 g Dinkelmehl (Type 630)
Butter und Mehl für die Form
Mehl für die Arbeitsfläche

FÜR DEN BELAG

6 Blatt Gelatine
2 Avocados
2 EL Zitronensaft
400 g Schmand
20 g Zucker
125 g Erdbeeren

MEHR DARAUS MACHEN

Für einen zusätzlichen Frische-Kick 10 Minzeblätter waschen, trocken tupfen, fein hacken und mit dem Schmand unter das Avocadopüree mischen.

TEIG: Mandeln in einer Pfanne ohne Fett anrösten, herausnehmen und abkühlen lassen. Butter, Zucker und 1 Prise Salz mit den Knethaken des Handrührgeräts mischen. Das Ei kurz unterarbeiten. Mehl, 80 g abgekühlte Mandelblättchen und 2 EL kaltes Wasser dazugeben und alles erst mit den Knethaken, dann mit den Händen glatt verkneten. Zur Kugel formen, in Frischhaltefolie gewickelt mindestens 1 Std. kühl stellen.

BACKEN: Backofen auf 200° vorheizen. Form mit Butter einfetten und mit Mehl ausstäuben. Teig auf wenig Mehl mit dem Nudelholz rund (ca. 32 cm ∅) ausrollen. Form mit dem Teig auskleiden, dabei die Ränder andrücken. Boden mit einer Gabel mehrmals einstechen und im Ofen (Mitte) in ca. 25 Min. goldbraun backen. Herausnehmen, abkühlen lassen.

BELAG: Gelatine in kaltem Wasser einweichen. Avocados halbieren, Kerne und Schalen entfernen (ergibt ca. 400 g), Hälften mit Zitronensaft fein pürieren. Püree mit Schmand und Zucker verrühren. Gelatine tropfnass in einem Topf bei schwacher Hitze unter Rühren auflösen. 3 EL Avocadocreme in die lauwarme Gelatine rühren, dann die Mischung unter Rühren mit einem Schneebesen zur übrigen Creme geben. Masse ca. 10 Min. kühl stellen, bis sie zu gelieren beginnt. Auf dem Tarteboden verstreichen, Tarte ca. 1 Std. kühl stellen.

FERTIGSTELLEN: Erdbeeren waschen, putzen, in dünne Scheiben schneiden und die Tarte damit garnieren. Mit den übrigen Mandelblättchen bestreut servieren.

REGISTER

Vegetarische Rezepte, die im Buch mit einem 🌢 gekennzeichnet sind, sind hier grün abgesetzt.

Abkürzungsverzeichnis:
E = Eiweiß
EL = Esslöffel
(gestrichen)
F = Fett
kcal = Kilokalorien
KH = Kohlenhydrate
Msp. = Messerspitze
Pck. = Päckchen
TK- = Tiefkühl-
TL = Teelöffel
(gestrichen)
Ø = Durchmesser

© 2018 GRÄFE UND UNZER VERLAG GmbH, München

Projektleitung: Vanessa Lotz
Lektorat: Kathrin Gritschneder
Korrektorat: Waltraud Schmidt
Gesamtgestaltung: independent Medien-Design, München: Horst Moser (Artdirection), Lucie Heselich, Svenja Wamser
Herstellung: Renate Hutt
Satz: Kösel, Krugzell
Reproduktion: medienprinzen GmbH, München
Druck und Bindung: Firmengruppe APPL, aprinta druck, Wemding
Syndication:
www.seasons.agency
Printed in Germany

3. Auflage 2019
ISBN 978-3-8338-6625-8

 www.facebook.com/gu.verlag

GRÄFE UND UNZER
Ein Unternehmen der
GANSKE VERLAGSGRUPPE

DIE AUTORIN

Martina Kittler ist Oecotrophologin und Autorin zahlreicher Kochbücher. Sie versteht es, Genuss und gesunde Ernährung in alltagstaugliche, unkomplizierte Rezepte zu packen. In diesem Buch ist die Avocado ihr Star. Zu Recht, denn die grüne Frucht kann viel mehr als nur Guacamole.

DIE FOTOGRAFIN

Maria Grossmann und **Monika Schürle** arbeiten seit Jahren gemeinsam in den Bereichen Food, Still und Interieur in Hamburg und Berlin. Ihre Auftraggeber sind Magazine, Verlage und Agenturen. Bei der Produktion dieses Buches wurden sie von **Lukas Grossmann** (Food styling) unterstützt.

BILDNACHWEIS

Monika Schürle: S. 06–59 und Stepfotos auf den Klappen
auen60: S. 01, 05 und Stillleben auf den Klappen
Autorenfoto: Michael Kremer Fotodesign
Coverfoto: Kathrin Koschitzki

Umwelthinweis:

Dieses Buch ist auf PEFC-zertifiziertem Papier aus nachhaltiger Waldwirtschaft gedruckt.

LIEBE LESERINNEN UND LESER,

wir wollen Ihnen mit diesem Buch Informationen und Anregungen geben, um Ihnen das Leben zu erleichtern oder Sie zu inspirieren, Neues auszuprobieren. Wir achten bei der Erstellung unserer Bücher auf Aktualität und stellen höchste Ansprüche an Inhalt und Gestaltung. Alle Anleitungen und Rezepte werden von unseren Autoren, jeweils Experten auf ihrem Gebiet, gewissenhaft erstellt und von unseren Redakteuren/innen mit größter Sorgfalt ausgewählt und geprüft.

Haben wir Ihre Erwartungen erfüllt? Sind Sie mit diesem Buch und seinen Inhalten zufrieden? Haben Sie weitere Fragen zu diesem Thema? Wir freuen uns auf Ihre Rückmeldung, auf Lob, Kritik und Anregungen, damit wir für Sie immer besser werden können. Und wir freuen uns, wenn Sie diesen Titel weiterempfehlen, in Ihrem Freundeskreis oder online.

Sollten wir Ihre Erwartungen so gar nicht erfüllt haben, tauschen wir Ihnen Ihr Buch jederzeit gegen ein gleichwertiges zum gleichen oder ähnlichen Thema um.

KONTAKT

GRÄFE UND UNZER VERLAG
Leserservice
Postfach 86 03 13
81630 München
E-Mail: leserservice@graefe-und-unzer.de

Telefon: 0 08 00 / 72 37 33 33*
Telefax: 0 08 00 / 50 12 05 44*
Mo – Do: 9.00 – 17.00 Uhr
Fr: 9.00 – 16.00 Uhr (*gebührenfrei in D, A, CH)

Appetit auf mehr?

ISBN 978-3-8338-6627-2

ISBN 978-3-8338-6874-0

ISBN 978-3-8338-6466-7

ISBN 978-3-8338-6877-1

ISBN 978-3-8338-6460-5

ISBN 978-3-8338-6622-7

Mehr von GU auf **www.gu.de** und
facebook.com/gu.verlag

DIE »GU KOCHEN PLUS«-APP

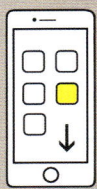

1 APP HERUNTERLADEN

Laden Sie die kostenlose »GU Kochen Plus«-App im Apple App Store oder im Google Play Store auf Ihr Smartphone. Starten Sie die App und wählen Sie Ihren Küchenratgeber aus.

2 REZEPTBILD SCANNEN

Scannen Sie das gewünschte Rezeptbild mit der Kamera Ihres Smartphones. Klicken Sie im Display die Funktion Ihrer Wahl.

3 FUNKTIONEN NUTZEN

Sammeln Sie Ihre Lieblingsrezepte. Speichern und verschicken Sie Ihre Einkaufslisten. Oder nutzen Sie den praktischen Supermarkt-Finder und den Rezept-Planer.